Jakob Linkert

Interaktive Visualisierung seitenbasierter Adressübersetzungen

Jakob Linkert

Interaktive Visualisierung seitenbasierter Adressübersetzungen

Erläuterung und Implementierung

Reihe Realwissenschaften

Impressum / Imprint

Bibliografische Information der Deutschen Nationalbibliothek: Die Deutsche Nationalbibliothek verzeichnet diese Publikation in der Deutschen Nationalbibliografie; detaillierte bibliografische Daten sind im Internet über http://dnb.d-nb.de abrufbar.

Alle in diesem Buch genannten Marken und Produktnamen unterliegen warenzeichen-, marken- oder patentrechtlichem Schutz bzw. sind Warenzeichen oder eingetragene Warenzeichen der jeweiligen Inhaber. Die Wiedergabe von Marken, Produktnamen, Gebrauchsnamen, Handelsnamen, Warenbezeichnungen u.s.w. in diesem Werk berechtigt auch ohne besondere Kennzeichnung nicht zu der Annahme, dass solche Namen im Sinne der Warenzeichen- und Markenschutzgesetzgebung als frei zu betrachten wären und daher von jedermann benutzt werden dürften.

Bibliographic information published by the Deutsche Nationalbibliothek: The Deutsche Nationalbibliothek lists this publication in the Deutsche Nationalbibliografie; detailed bibliographic data are available in the Internet at http://dnb.d-nb.de.

Any brand names and product names mentioned in this book are subject to trademark, brand or patent protection and are trademarks or registered trademarks of their respective holders. The use of brand names, product names, common names, trade names, product descriptions etc. even without a particular marking in this works is in no way to be construed to mean that such names may be regarded as unrestricted in respect of trademark and brand protection legislation and could thus be used by anyone.

Coverbild / Cover image: www.ingimage.com

Verlag / Publisher:
AV Akademikerverlag
ist ein Imprint der / is a trademark of
OmniScriptum GmbH & Co. KG
Heinrich-Böcking-Str. 6-8, 66121 Saarbrücken, Deutschland / Germany
Email: info@akademikerverlag.de

Herstellung: siehe letzte Seite /
Printed at: see last page
ISBN: 978-3-639-49032-9

Inhaltsverzeichnis

I. Abbildungsverzeichnis..2
II. Tabellenverzeichnis...2
III. Informationen zur Arbeit 3
IV. Danksagung..4
1. Einleitung..5
    1.1. Aufgabenstellung 5
    1.2. Motivation..5
    1.3. Absicht...6
    1.4. Aufbau des Programms..7
    1.5. Struktur der Arbeit...7
2. Grundlagen..9
    2.1. Paging allgemein..9
        2.1.1. Funktionsweise 10
        2.1.2. Paging im IA32..13
        2.1.3. Beispiel..16
    2.2. Grafische Programmierung in Java..17
3. Implementierung..20
    3.1. Programmierung...20
        3.1.1. Konzept und Aufbau..20
        3.1.2. Grundlegende Funktionen..21
        3.1.3. Funktionsweise...23
        3.1.4. Möglichkeiten im Code..29
    3.2. Programm...30
        3.2.1. Visualisierung..31
        3.2.2. Beispiel..33
4. Analyse..37
    4.1. Anwendung..37
    4.2. Programmierung 41
    4.3. Probleme bei der Programmierung...41
5. Zusammenfassung und Ausblick..44
    5.1. Zusammenfassung..44
    5.2. Ausblick...45
    5.3. Fazit...46
6. Literaturverzeichnis...47
7. Glossar...48

I. Abbildungsverzeichnis

Abbildung 1: Paging im IA321...13
Abbildung 2: Veranschaulichung Beispiel..17
Abbildung 3: Veranschaulichung vom fertigen Programm..32
Abbildung 4: Visualisierung Beispiel Schritt 1...33
Abbildung 5: Visualisierung Beispiel Schritt 2...33
Abbildung 6: Visualisierung Beispiel Schritt 3...34
Abbildung 7: Visualisierung Beispiel Schritt 4...34
Abbildung 8: Visualisierung Beispiel Schritt 5...35
Abbildung 9: Visualisierung Beispiel Schritt 6...35
Abbildung 10: Visualisierung Beispiel Schritt 7...36

II. Tabellenverzeichnis

Tabelle 1: Aufteilung der Bits bei der IA32-Architekutur..13
Tabelle 2: Aufteilung der Bits bei der IA32-Architekutur mit Physical Address Extension............15
Tabelle 3: Aufteilung der Bits bei 64-Bit Paging (Beispiel: AMD Athlon 64)...................15
Tabelle 4: Test-Rechner 1..39
Tabelle 5: Test-Rechner 2..39
Tabelle 6: Test-Rechner 3..40
Tabelle 7: Test-Rechner 4..40

III. Informationen zur Arbeit

Diese Bachelorarbeit wurde selbständig und ohne Benutzung anderer als der angegebenen Hilfsmittel angefertigt.

Alle Stellen, die wörtlich oder sinngemäß aus veröffentlichten Schriften entnommen sind, sind als solche kenntlich gemacht.

Die Programmentwicklung erfolgte mit Eclipse und Java unter Ubuntu 12.10.

IV. Danksagung

An dieser Stelle danke ich meinen Gutachtern Prof. Dr. Michael Schöttner und Prof. Dr. Stefan

Conrad für die Auswertung dieser Arbeit.

Zudem bedanke ich mich besonders bei Prof. Dr. Michael Schöttner, der mir diese Arbeit erst ermöglichte.

Für die Beratung und Betreuung danke ich Florian Klein, der mich von Beginn an immer unterstützt hat und jederzeit ansprechbar war.

Meiner Familie und meinen Freundin, sowie Freunden danke ich für ihre Unterstützung während meines ganzen Studiums. Ohne sie wäre das Ganze nicht möglich geworden.

Als Letztes danke ich allen, die Interesse an dieser Arbeit zeigten und mich unterstützten.

Besonderer Dank geht dabei an die Personen, die immer wieder Korrektur gelesen haben.

1. Einleitung

Das erste Kapitel der Arbeit dient dazu, dem Leser die Arbeit langsam näher zu bringen und unter verschiedenen Gesichtspunkten den Grund, die Motivation und die Absicht der Arbeit zu erklären.

1.1. Aufgabenstellung

Die Grundidee dieser Arbeit ist es das komplexe Thema der seitenbasierten Adressübersetzung bzw. einen Teil der Speicherverwaltung im Computer grafisch und für den Nutzer verständlich darzustellen. Die Speicherverwaltung per Seitenadressierung übernimmt die Speicher- verwaltungseinheit und ist für den Standard-PC-Nutzer nicht sicht- und erkennbar. Somit ist die Aufgabenstellung der Bachelor-Arbeit, die Vorgänge in der Speicherverwaltung für den Nutzer plausibel und begreiflich aufzuführen.

1.2. Motivation

Die Hauptmotivation der Bachelor-Arbeit liegt in der Gestaltung der Präsentation und verständlichen Ausführung von im Hintergrund laufenden Prozessen des Betriebssystems. Es soll ermöglicht werden, Studenten und IT-interessierten Personen, das Grundgerüst der Speicher- verwaltung im Computer grafisch darzustellen. Die vom Betriebssystem verwaltenden Hintergrundprozesse sind meistens für den Standard-PC-Nutzer nicht sichtbar und daher kaum nachzuvollziehen. Daher haben oft Prozesse die im Hintergrund laufen den Ruf höchst komplex zu sein. Das Paging ist im Unterricht oft schwer nachzuvollziehen. Des Weiteren besteht die Motivation der Arbeit darin, etwas zu programmieren, was der Nutzer sofort sieht und benutzen kann. Im Internet ist keine Visualisierung des Pagings zu finden, somit bestand ein Teil der Motivation darin, etwas komplett Neues zu programmieren.

1.3. Absicht

Der Punkt Absicht gibt wieder, wozu die Arbeit dient und genutzt werden kann. Der Hauptnutzen der Arbeit liegt darin, IT-interessierten Personen, die seitenbasierte Adressübersetzung näher zu bringen. Die Bachelor-Arbeit kann daher besonders von der Universität zur Veranschaulichung der Inhalte von Vorlesungen genutzt werden. Zudem kann Studenten das Programm direkt angeboten werden, damit sich die Teilnehmer des Kurses eventuell entstehende Fragen, mit Hilfe der Darstellung, beantworten können. Auch zu einer Vorbereitung für eine Prüfung bzw. Klausur ist eine Anwendung vorstellbar. Das Endergebnis ist somit besonders im Lehrbereich für Studenten sinnvoll. In den Uni-Fächern und Kursen, wie z.b. Betriebssysteme und Informatik II, wo technische Vorgänge innerhalb des Betriebssystems bzw. vom Computer erklärt und unterrichtet werden, ist die Visualisierung besonders sinnvoll und von hoher Bedeutung. Studenten haben mit der Arbeit die Möglichkeit die Vorgänge der Speicherverwaltung nochmal visuell nachvollziehen zu können. Die Bachelor-Arbeit ist auch in gewisser Weise für die Allgemeinheit nutzbar. So lässt sich auch Personen, die sich für die im Hintergrund laufenden Prozesse im Betriebssystem interessieren, die Speicherverwaltung mit Hilfe der Visualisierung im Grundgerüst verständlich präsentieren. Zusammengefasst lässt sich festhalten, dass der Hauptnutzen der Arbeit zur Lehre und der Präsentation der seitenbasierten Adressübersetzung dient. Somit lässt sich festhalten, dass die Visualisierung besonders in der Lehre einen großen Anwendungsbereich hat.

1.4. Aufbau des Programms

Der Aufbau der Arbeit beginnt mit einem Hauptfenster, worauf alle Animationen und Erklärungen ablaufen. Die Bachelor-Arbeit legt damit ihren Fokus auf das Animationsfenster, das mit der Zeit nötige und erweiterte Funktionen aufruft. Optionen und Einstellungsmöglichkeiten sind in einer oberen Leiste aufrufbar und übersichtlich sortiert. Nur zwei Buttons für „vor" und „zurück" sind für den Nutzer auf Anhieb sichtbar und verwendbar. Alle Funktionen sind der Übersicht wegen, in eigenen Klassen organisiert und aufrufbar. Dies fördert die Code-Übersicht und die Programmierung kann leicht erweitert, sowie Funktionen verändert werden. Auch die Übersicht bleibt erhalten, da Klassen nicht überladen sind und man jederzeit erkennen kann, welche Klasse aufgerufen wird. Die Namen der Funktionen sowie Variablen wurden daher auch dem Inhalt entsprechend angepasst und passen sich dem Gesamtbild an.

1.5. Struktur der Arbeit

Die Struktur der Arbeit lässt sich in vier inhaltliche Punkte unterteilen: Grundlagen, Implementierung, Analyse und die Zusammenfassung.
Im ersten Punkt, den Grundlagen, wird das Paging in mehren Unterpunkten dem Leser näher gebracht. Als Erstes wird dem Nutzer das Paging allgemein erläutert und anschließend mit einem Beispiel, der IA32-Architekutur, verdeutlicht.
Im nächsten Kapitel wird auf das Programm bzw. auf dessen Code eingegangen. Es erklärt wie die Visualisierung implementiert wurde und welche Funktionen genutzt wurden.
Das dritte Kapitel dient zur Analyse in verschiedenen Punkten. Die Bachelor-Arbeit wird einerseits unter dem Gesichtspunkt des fertigen Programms bewertet, andererseits wird zum Vergleich der Code dazu analysiert. Abschließend wird auf die dadurch entstandenen Probleme und Limitierungen durch den Java-Code

eingegangen und unter diesem Aspekt ausgewertet.

Unter dem letzten Punkt wird die Bachelor-Arbeit zusammengefasst. Darunter fallen auch mögliche Ergänzungen und Verbesserungen für das Programm. Dabei handelt es sich nicht nur um Erweiterungen, sondern auch um den Punkt, bestehende Funktionen inhaltlich zu verbessern und zu optimieren. Auch das Grundgerüst, wie z.B. das Sichern der kompletten Stufen bzw. Seiten, wird angesprochen und Möglichkeiten zur Verbesserung aufgeführt.

Im Anhang befindet sich noch das Literaturverzeichnis, sowie das Glossar.

2. Grundlagen

In dem folgenden Kapitel werden die Grundlagen für das Verständnis der Arbeit gelegt, welche zum Nachvollziehen von verschiedenen Punkten notwendig sind.

2.1. Paging allgemein

Der erste Schritt um das Paging im Computer zu verstehen, ist den Unterschied zwischen virtuellen bzw. logischen und physischen Adressräumen zu verstehen. Der virtuelle Adressraum dient dazu, dass die laufenden Programme ihre Aufgaben abwickeln und ausführen können. Der physische Adressraum ist durch den tatsächlich vorhandenen Hardware-Arbeitsspeicher im Computer gegeben. Die Umwandlung bzw. Umrechnung von virtuellen in physische Adressräume wird von einer Speicherverwaltungseinheit geregelt und organisiert. Die Motivation für virtuelle Adressräume ist die Vereinheitlichung mehrerer Speicherquellen und die einfache sowie sichere Nutzung des Computers. Ein weiterer Vorteil von virtuellen Adressräumen ist die Abgrenzung von Speicherblöcken, damit Programme nicht in den geschützten Speicherbereich eines anderen Programms reinschreiben können. Diese Eigenschaft ist besonders bei der Trennung vom Speicher des Betriebssystems wichtig, da in dem Speicherbereich des Betriebssystem möglichst keine Programme Daten verändern oder löschen sollen. Somit wird die Funktionalität des laufenden Betriebssystem nicht durch z.B. fehlerhafte Software gefährdet und der Computer inklusive Betriebssystem bleibt lauffähig und sicher. Die Umrechnung von virtuellen und physischen Adressen wird in diesem Fall durch das sogenannte Paging geregelt. Das Paging unterteilt als Erstes die logische Adresse in mehre Teile, die aus einer fest vorgegebenen Anzahl an Bits bestehen. Die Längen der einzelnen Teile wird auch von der Speicherverwaltungseinheit vorgegeben. Die einzelnen Stufen werden Seiten-Verzeichnis (engl. Page-Directroy), Seiten-Tabelle (engl. Page-Table) oder Seite

9

(engl. Page) genannt, jedoch ist auch der physische Adressraum in einer ähnlichen Art und Weise unterteilt. Diese Unterteilung wird Seitenrahmen oder Kachel genannt (engl. „frames"). Um Seiten und die Rahmen umrechnen bzw. ordnen zu können, werden Seitentabellen verwendet. Diese nutzen die vorgegebenen Bits, um den Eintrag mit Hilfe des Dezimalwertes zu finden. In dem gefunden Eintrag steht die Adresse der nächsten Stufe. Handelt es sich um die letzte Stufe, wird die physikalische Adresse im Eintrag gefunden und der Paging Algorithmus ist beendet.

2.1.1. Funktionsweise

Bei dem folgenden Kapitel Funktionsweise wird die Berechnung der einzelnen Schritte erklärt. Das unten angeführte Bild, dient zur Veranschaulichung des folgenden Textes. (Abbildung: 1)

Als erster Schritt wird die virtuelle Adresse in die vorgegebenen Stufen unterteilt (bei der IA32-Architekutur sind es z.b. 3 Stufen). Diese Stufen können entweder gleich oder auch unterschiedlich lang sein. Zunächst wird die Startadresse, bzw. die Adresse der ersten Stufe, aus dem CR3-Register geholt. Dieser Wert beschreibt die Adresse, wo das Page-Directory liegt. Bei dem CR3-Register handelt es sich um ein Kontroll-Register von der CPU, welches das generelle Verhalten sowie verschiedene Eigenschaften der CPU oder anderer Geräte festhält. Das CR3-Register ist hauptsächlich für die Adresse des Page-Directory da und beinhaltet zwei „Flags", die das interne „Caching" innerhalb der CPU (nicht im TLB) steuern. Wurde die Adresse des Page-Directory gefunden, wird der erste Teil, der vorgegebenen aufgeteilten Adresse genutzt. Dabei handelt es sich um eine Binärzahl, die in ihren Dezimalwert umgerechnet wird. Aus diesem Wert ergibt sich der Eintrag im Page-Directory, wo die Adresse der nächsten Stufe zu finden ist. Die Speicherverwaltungseinheit nimmt den Wert, des gerade errechneten Eintrags, aus dem Page-Directory und findet mit Hilfe dieser Adresse die nächste Stufe. Dabei handelt es sich um die Page-Table. Der Computer nutzt die zweite Aufteilung der virtuellen Adresse um nun wiederum den zugehörigen Eintrag in der Page-Table finden zu können. Dieser Vorgang ist identisch mit der Berechnung des Eintrages in der Page-Directory. Das System nutzt die zweite vorgegebene Stufe in der virtuellen Adresse und berechnet mit Hilfe des Dezimalwertes den nächsten Eintrag. In diesem Eintrag liegt auch der Wert bzw. die Adresse für die nächste Stufe. Meistens (wie bei der IA32-Architekutur vorgegeben), ist diese Stufe, die letzte Stufe, nämlich die Page oder Seite selber. Dieser Vorgang kann sich, falls von der Speicherverwaltungseinheit vorgegeben, über mehrere Stufen hinziehen. Ist die Berechnung in der letzten Stufe angekommen, wird zwar wieder die Ermittlung des Eintrags mit Hilfe der virtuellen Adresse vorgenommen, jedoch findet man in diesem Eintrag seine gewünschte physikalische Adresse. Der Offset wird dafür auf die Adresse der Page addiert. Der physische Adressraum ist ähnlich unterteilt. Hier werden die Unterteilungen in die einzelnen Stücke Seitenrahmen genannt. Ein wichtiger Punkt beim Paging sind die sogenannten Page-Fault (deutsch: Seiten-Fehler). Dabei handelt es sich um Seiten, die nicht geladen sind. Für diesen Vorgang dient ein spezielles „Flag" in der Seitentabelle. Will nun ein Programm auf eine nicht geladene Seite zugreifen, wird vom Prozessor das Page-Fault ausgelöst und das Betriebssystem übernimmt die Behandlung des Seitenfehlers. Für einen Page-Fault gibt es einen von zwei möglichen Gründen. Die erste Möglichkeit ist meistens, dass die Seite vorübergehend nicht vorhanden ist, weil sie gerade ausgelagert ist oder das Programm zum ersten Mal auf diese Seite zugreift. Dabei lädt das Betriebssystem die Seite aus dem Speicher, aktualisiert die Seitentabelle und führt das Programm an der Stelle fort, wo der Seitenfehler verursacht wurde. Ein anderer Grund für einen Seitenfehler kann darin liegen, dass die Seite dauerhaft nicht existent ist. Dies bedeutet, dass das Programm versucht auf eine nicht erlaubte logische Adresse zuzugreifen, was dazu führt, dass das Programm durch das Betriebssystem mit einer Fehlermeldung terminiert wird. Diese Fehlermeldung ist den meisten Nutzern unter dem Begriff „segmentation fault" bekannt. Das nun unten angeführte Bild dient zur einfachen Veranschaulichung des Pagings mit drei Stufen in einem 32-Bit System. Die Adresse des Page-Directory wird über das CR3-Register geholt, die ersten zehn

Bits dienen für den Eintrag im Page-Directory um die nächste Stufe, bzw. die Adresse der Page-Table zu errechnen. Darauf hin werden die nächsten zehn Bits der virtuellen Adresse genutzt um wiederum den Eintrag für die Adresse der Page zu errechnen. In der letzten Stufe, der Page, werden nun die gesuchten Daten mit Hilfe der letzten zwölf Bits der virtuellen Adresse gefunden. Der ganze Vorgang des Pagings wird von einer Speicherverwaltungseinheit (engl. Memory Management Unit / MMU) vorgenommen. Das Betriebssystem selber springt nur bei einem Page-Fault ein und übernimmt den Vorgang für das Laden einer fehlenden Seite. Dafür muss eine im Speicher enthaltene geladene Seite ausgeladen werden. Für diesen Vorgang gibt es mehrere sogenannte Ersetzungsstrategien. Diese Methoden sind in der Informatik in vielen Bereichen weit verbreitet. Dabei handelt es sich um drei gängige Prinzipien: Beim „Frist-in-First-out" (FIFO) wird die älteste Seite ersetzt, diejenige, welche zuerst geladen wurde. Das „Least-recently-used-Prinzip" (LRU) lagert die am längsten nicht genutzt Seite aus. Das „Least-frequently-used-Verfahren" (LFU) lässt einen Zähler pro Seite mitlaufen, der die Anzahl der Benutzungen der jeweiligen Seite zählt. Beim Auslagern, wird die Seite aus dem Speicher geladen, die am wenigsten benutzt wurde. Die drei vorgestellten Methoden sind nur die häufigst benutzten, dies bedeutet nicht, dass auch andere Algorithmen anwendbar für das Aus- bzw. Einlagern von Seiten sind. [1] [2] [3] [4]

Virtuelle Adresse:

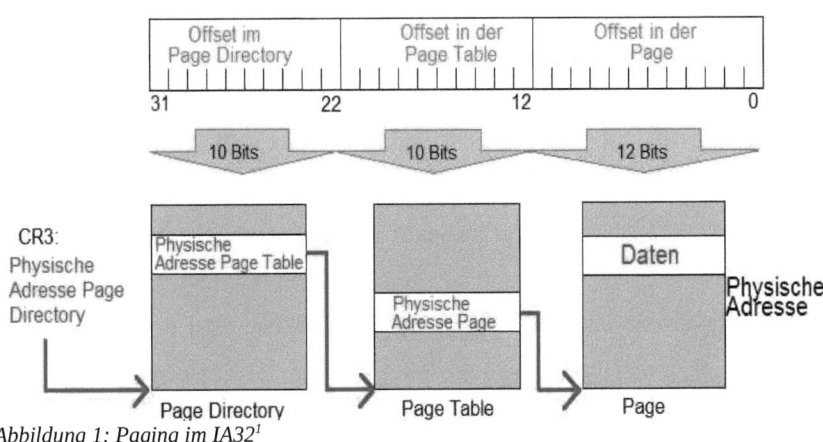

Abbildung 1: Paging im IA32[1]

2.1.2. Paging im IA32

Das Paging bei der IA32-Architekutur ist am meisten verbreitet und beinhaltet ein drei-stufiges Paging. Dabei sind die einzelnen Stufen fest vorgegeben:

Seitenverzeichnis	Bits 31 … 22 => 10 Bits
Seitentabelle	Bits 21 … 12 => 10 Bits
Seite	Bits 11 … 0 => 12 Bits

Tabelle 1: Aufteilung der Bits bei der IA32-Architekutur[2]

Das Seitenverzeichnis und jede Seitentabelle haben 1024 Einträge (Berechnung: $2^\wedge$[Anzahl Bits der Stufe] = 2^{10} = 1024). Jeder Eintrag ist 4 Byte groß (32 Bit = 4 Byte und damit 4 Byte * 1024 Einträge = 4096 Byte = 4 KB Größe des Verzeichnis) und belegt damit genau eine Seite, (Seitengröße = $2^\wedge$[Anzahl Bits der Stufe] = 2^{12} = 4096 Byte = 4 KB).

---

[1]http://www.lowlevel.eu/wiki/Paging

[2]http://de.wikipedia.org/w/index.php?title=Paging&oldid=113998882

Diese Vorgaben werden nun benutzt um das Paging durchzuführen. Zur Optimierung von größeren Speicherbereichen und um das Betriebssystem beim Page-Fault zu entlasten, unterstützen moderne CPUs (ab dem Pentium Pro) 4 MB große Seiten. Dies ist besonders bei Grafikkarten vorteilhaft, da diese oft mit größeren Speicherbereichen, z.b. auf Grund von grafischen Texturen, arbeiten und das dauerhafte Ein- und Auslagern von Seiten, die Grafikleistung stark mindern würde. Dieser Vorgang wird bei der IA32-Architekutur durch ein einzelnes Bit gelöst. Dazu wird das spezielle Bit im Seitenverzeichnis gesetzt, was dazu führt, dass für diesen Adressbereich, die zweite Stufe (die Seitentabelle) zu meiden bzw. zu ignorieren ist. Daraus resultiert, dass nun die Bits von Stelle 0 bis 21 für den Offset der Seite selber angerechnet werden (2^{22} = 4194304 Byte = 4 MB). Durch diese einfache Möglichkeit besitzt die CPU die Möglichkeit viel größere Seiten zu adressieren. Außerdem bietet Intel ab dem Pentium Pro eine weitere nützliche Funktion an. So ist es durch eine spezielle Technik möglich bis zu 64 GB (2^{36} = 68719476736 Byte = 64 GB) physischen Speicher zu adressieren. Diese Funktionalität wird Physical Address Extension genannt. Dafür wird das Paging bei der IA32-Architekutur um eine weitere Stufe erweitert. Dazu dienen die obersten zwei Bits der linearen Adresse und die Stufe wählt aus vier möglichen Einträgen aus. Dabei wird das Seitenverzeichnis sowie die Seitentabelle jeweils um ein Bit verkürzt. Die neue Stufe wird als „page directory pointer table (PDPT)" bezeichnet. Dafür werden die einzelnen Einträge in den Seiten-Tabellen auf acht Byte erweitert, bzw. vergrößert, jedoch die Anzahl der Einträge auf 512 halbiert, damit die Gesamtgröße der Seiten-Tabelle wieder bei 4 KB (512 * 8 Byte = 4096 Byte = 4 KB) liegt. Auch bei dieser Methode ist es möglich, die letzte Übersetzung, durch das Setzen eines speziellen Bits, zu deaktivieren. Dies führt zu einer Seitengröße von 2 MB, da die letzten 21 Bits (Bits der Seitentabelle-Stufe + Bits der Seite-Stufe) für die Berechnung des Offsets der Seite benutzt werden (2^{21} = 2097152 Byte = 2 MB).

Page Directory Pointer Table	31 ... 30 => 2 Bits
Seitenverzeichnis	29 ... 21 => 9 Bits
Seitentabelle	20 ... 12 => 9 Bits
Seite	11 ... 0 => 12 Bits

Tabelle 2: Aufteilung der Bits bei der IA32-Architekutur mit Physical Address Extension[1]

Da nun aber auch in den letzten vergangenen Jahren, 64 Bit-Prozessoren immer mehr Verbreitung finden, wurde hier ein direktes 64 Bit Paging ohne die Physical Address Extension eingeführt. Dieser Modus wird seit dem AMD Athlon 64 eingesetzt. Das Grundprinzip des Pagings bleibt erhalten, nur wird eine weitere Stufe, das „Page Map Level 4" (kurz: PML4), eingebaut und die Anzahl der Einträge der Page Directory Pointer Table von ehemals vier Einträgen auf 512 Einträge erweitert, sodass die Größe der Page Directory Pointer Table sich mit den folgenden Seitentabellen gleicht und es nicht zu Problemen führen kann.

Page Map Level 4	47 ... 39 => 9 Bits
Page Directory Pointer Table	38 ... 30 => 9 Bits
Seitenverzeichnis	29 ... 21 => 9 Bits
Seitentabelle	20 ... 12 => 9 Bits
Seite	11 ... 0 => 12 Bits

Tabelle 3: Aufteilung der Bits bei 64-Bit Paging (Beispiel: AMD Athlon 64)[1]

Beim 64 Bit Paging sind Größen von Seiten bis zu 1 GB möglich. Dabei werden die untersten 22 Bits eines Eintrags in der Page Directory Pointer Table genutzt um direkt auf die Startadresse einer 1 GB Seite zu zeigen (2^{30} = 1073741824 Byte = 1 GB). Alle aufgeführten Paging Methoden basieren auf der IA32-Architekutur und wurden auf Grundlage dieser weiterentwickelt und für moderne Prozessoren bzw. Systeme optimiert. [1] [2] [3] [4]

---

[1]http://de.wikipedia.org/w/index.php?title=Paging&oldid=113998882

2.1.3. Beispiel

In dem folgenden Beispiel wird ein einfaches Rechenbeispiel für ein 3-Stufiges Paging (IA-32-Architektur) demonstriert. Dabei wird die vorgegebene 32-Bit-Standart-Adresse (10000000011000000001000000000001) aus der Visualisierung genutzt (Abbildung 2). Nutzt man nun auch die vorgegebene Aufteilung, nämlich die IA32-Architekutur, ergibt sich folgende Aufteilung. Stufe 1 besteht aus den ersten 10 Bits (1000000001), die zweite Stufe ebenso aus 10 Bits (1000000001) und die dritte und letzte Stufe beinhaltet 12 Bits (000000000001). Als erster Schritt bekommt der Paging-Algorithmus die Adresse des Page-Directory aus dem sogenannten CR3-Register. Dieses gibt die Start-Adresse des Page-Directory vor. In unserem Beispiel wird die Adresse 0x1EB6 angegeben. Darauf nutzt die Speicherverwaltungseinheit die erste Stufe und berechnet mit den ersten 10 Bits den Dezimalwert, dabei wird der Binärwert 1000000001 in den Dezimalwert 513 umgerechnet. Daraufhin weiß die Speicherverwaltungseinheit, dass die nötigen Daten im gesuchten Eintrag 513 des Page-Directory liegen. Im 513en Eintrag wird nun die gesuchte Start-Adresse 0x45FC der Page-Table gefunden.

Mit dessen Hilfe wird die gesuchte Page-Table erreicht und die Berechnung der zweiten Stufe findet statt. Die nächsten 10 Bits werden genutzt um den Binärwert 1000000001 in den Dezimalwert 513 umzurechnen. Nun wird wiederum der errechnete Eintrag genutzt, um die Start-Adresse 0x9360 der Seite selber zu finden.

Hat die Speicherverwaltungseinheit nun die gesuchte Seite geladen, wird mit den letzten 12 Bits des Adressbereichs, der Eintrag in der Seite errechnet. Dabei wird auch die Binärzahl 000000000001 in die Dezimalzahl 1 umgerechnet. Dies bedeutet, dass nun durch die Addition vom Offeset 1, die gesuchte physikalische Adresse 0x9361 liegt. Der Paging-Algorithmus hat die gesuchten Daten gefunden und ist

---

[1]http://de.wikipedia.org/w/index.php?title=Paging&oldid=113998882

[2]http://www.lowlevel.eu/wiki/Paging

fertig. Um das Beispiel zu verdeutlichen wurden die gleichen Werte in der unten angeführten Abbildung genutzt.

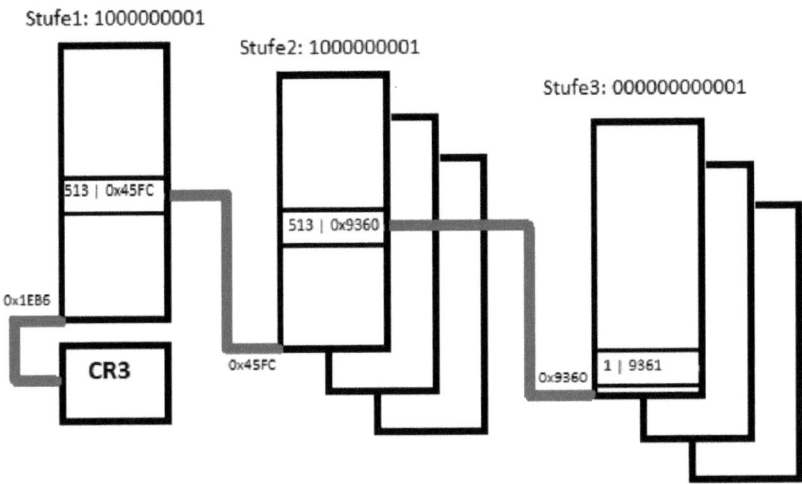

Abbildung 2: Veranschaulichung Beispiel

2.2. Grafische Programmierung in Java

Für die grafische Präsentation der Visualisierung wird die Java „paint"-Methode genutzt. Diese „paint"-Methode ruft ein Objekt vom Typ „Graphics" auf und ist damit in der Lage verschiedene Objekte bzw. geometrische Figuren zu zeichnen. Darunter fallen z.B. Kreise, Linien und Rechtecke, sowie auch Bilder und Zeichenfolgen. Die „paint"-Methode ist in der Klasse des „Frames" zu finden und nutzbar. Somit ist es möglich durch eine Übergabe von verschiedenen Parametern, wie der Position und Größe des zu zeichnenden Objekts, z.B. ein Rechteck auf einem „JPanel" zu zeichnen. Dieser Vorgang wird bei der Visualisierung zum Zeichnen der einzelnen Seiten sowie Animationen genutzt. Außerdem ist es auch möglich, das gezeichnete Rechteck mit einer selbst ausgesuchten Farbe zu füllen. Für diese

17

Funktion bietet Java Befehle an, die dem Programmierer die Arbeit erleichtern und durch einen einzelnen Befehl ausführbar sind. Zusammenfassend lässt sich festhalten, dass das Grafik-Objekt folgende Informationen bereithält: Um welche Komponente es sich handelt (Kreis, Rechteck, etc.), die Positions-Koordinaten des Objekts, den aktuell vorgegebenen Zeichensatz ("Font"), sowie die Farbe ("Color"), und die Größe des Objekts. Um die Position zu bestimmen ist es nötig sich das Zeichenfeld, also das "JPanel", wie eine Art Koordinatensystem vorzustellen. Der Ursprung des Koordinatensystems liegt dabei immer in der oberen linken Ecke. So übergibt man dem zu zeichnenden Objekt einen X- sowie Y-Wert, handelt es sich dabei z.B. um ein Rechteck, beschreiben die X- sowie Y-Werte die linke obere Ecke des Rechtecks. Nun benutzt die "Draw"-Funktion die angegebene Breite und die Höhe, um das Objekt von dem vorgegebenen Startwert aus, zeichnen zu können. Um zu ermöglichen, dass sich Objekte noch bewegen, wie z.B. die Pfeile der Visualisierung, wird ein zusätzlicher "Timer" genutzt. Der "Timer" führt durch einen vorgegebenen Zeitraum zu einer Aktualisierung der Positions- oder Größenwerte, die jedes Mal neu übergeben werden und auch abgeändert werden können. So ist es möglich sich bewegende Rechtecke, wie den bewegenden Pfeil, in der Visualisierung zu zeichnen. Läuft die Zeit vom "Timer" ab, ruft die "ActionPerformed"-Methode alle darin erhaltenen Funktionen auf. So werden die Größenwerte des Pfeils abgeändert und der Pfeil wird z.B. in die Länge gezogen. Der "Timer" ist daher meistens auf ein kleines Zeitintervall begrenzt, was dazu führt, dass die Bewegung der Objekte, einem fortlaufendem Bild gleicht und nicht verzögert dargestellt wird. Wird z.B. dem "Timer" ein kleinerer Wert zugeordnet führt dies zu einer schnelleren Aktualisierung des Bildes, was dazu führt, dass der Pfeil sich schneller bewegt bzw. wächst. Natürlich ist die "paint"-Methode nur eine einfache Möglichkeit in Java, Objekte zeichnen zu lassen. Java unterstützt neben den "draw"-Befehlen, auch das von der Khronos Group veröffentlichte OpenGL, sowie die von Microsoft entwickelte Grafikschnittstelle DirectX. Hiermit lassen sich sogar 3D-Objekte in Java zeichnen. Insgesamt lässt sich festhalten, dass Java dem Nutzer viele Möglichkeiten bietet, grafische Objekte darzustellen und dabei auch in der Lage ist, verschiedene moderne Grafikschnittstellen einzubinden und zu bedienen. [L1] [1] [2] [3] [4]

3. Implementierung

Dieses Kapitel bezieht sich direkt auf die Visualisierung selber. Dabei wird nicht nur die fertige Arbeit beschrieben, sondern auch der Java-Code, mit seinen einzelnen Funktionen und Klassen, näher geschildert.

3.1. Programmierung

Zunächst wird auf den Code selber und dessen Aufbau eingegangen. Hierbei wird das Grundgerüst und die einzelnen Funktionen bzw. Klassen beschrieben.

3.1.1. Konzept und Aufbau

Die grundlegende Idee hinter der Visualisierung ist es, dass der Nutzer Verständnis für die seitenbasierte Adressübersetzung entwickelt. Dazu wird der Fokus auf die Animation und Übersicht gelegt, um den Nutzer nicht mit unnötigen und überflüssigen Informationen zu überfordern. Daher besteht die Hauptansicht der Visualisierung aus einem „JPanel", worauf die Animationen der Adressübersetzung stattfinden. Die Anzahl der Buttons ist auf ein Minimum reduziert, damit der Nutzer nicht mehr als zwei Buttons nutzen muss. Die restlichen Optionen und Einstellungsmöglichkeiten, wie z.B. eine Stufe hinzuzufügen oder zu entfernen, sind in einer oberen Statusleiste übersichtlich aufgebaut und organisiert. Dies führt dazu, dass dem Nutzer bei der Visualisierung keine Buttons oder andere Einstellungen von der Hauptansicht ablenken. Die einzelnen Schritte der Visualisierung und dessen Vorgänge werden vom Nutzer einzeln bestätigt, damit auch hier der Benutzer in Ruhe die einzelnen Schritte der Visualisierung bzw. Adressübersetzung verstehen und nachvollziehen kann. Somit lässt sich zusammenfassen, dass bei der Arbeit die Übersicht und das Verständnis der seitenbasierten Adressübersetzung im Vordergrund steht. Das „JPanel" bzw. Animationsfenster ist somit der Hauptaspekt der

20

Visualisierung, die alle anderen Funktionen aufruft. Die einzelnen Elemente der Stufen werden zuerst als Objekte erstellt und in eine „Linkedlist" hinzugefügt. Eine „Linkedlist" ist eine von Java vorgefertigte Liste, die verschiedene Objekte bzw. Werte sichern kann. Dazu bietet die „Linkedlist" verschiedene Optionen an um z.b. Werte neu zu ordnen, an einer bestimmten Stelle einfügen zu können und ganze Listen zu löschen. Das Animationsfenster nutzt diese Objekte und zeichnet diese, mit Hilfe der „paint"-Methode, auf dem „JPanel". Die nötigen Informationen, wie z.b. die Position oder Größe, entnimmt die „Draw"-Funktion in Java aus dem gesicherten Objekt, dass vorher aus der Liste geholt wird und nacheinander gemalt wird. Die Visualisierung selber besitzt noch weitere Methoden, die dem Nutzer Einstellungsmöglichkeiten anbieten. Bei diesen handelt es sich um Extras, die für den Ablauf des Programm nicht notwendig sind. Somit ist festzuhalten, dass das „JPanel", das Fenster worauf alle Animationen ablaufen, der wichtigste Aspekt der Visualisierung ist, da auf diesem Bereich alle anderen Funktionen bzw. Berechnungen ausgeführt werden.

3.1.2. Grundlegende Funktionen

Bei dem Kapitel „Grundlegenden Funktionen" werden, die für die Visualisierung wichtigsten Funktionen und Methoden erklärt. Wie im vorherigen Kapitel erwähnt, ist das Animationsfenster, das „JPanel", das Grundgerüst der Arbeit. Hierauf werden alle Animation ausgeführt und andere Funktionen aufgerufen. Dabei wird die Zeichnen-Funktion durch die Bestätigung des Vorwärts-Button aufgerufen. Diese Funktion bekommt die Stelle übergeben, die die nötige Zeichnung ausführt. Ist diese fertig gezeichnet, wird die Zeichnen-Funktion gestoppt, bis der Nutzer wieder die Vorwärts-Taste betätigt. Wird dagegen von der Zurück-Taste Gebrauch gemacht, wird der Integer-Wert der Zeichen-Funktion um einen Wert verkleinert und die zu Letzt ausgeführte Zeichnung rückgängig gemacht. Die nötigen Zeichnungen werden in einer Liste gesichert und ausgeführt. Sie besitzen neben den Positions- und Größenangaben der Objekte, auch weitere Funktionen, wie z.B. den Pfeil zu bewegen oder den Eintrag in der Seite zu suchen. Um die Positionen der einzelnen Objekte zu tauschen, wurde eine eigene Klasse geschrieben, sodass diese Animation, ohne Probleme geändert und erweitert werden kann. Die Animation vom Tauschen der Objekte wird daher auch extra in einer eigenen Liste gesichert, sodass die Zeichnen-Funktion, nur die richtige Stelle in dieser Liste ausführen bzw. aufrufen muss. Dies erleichtert dem Programmierer die Arbeit und führt im Code zu einer besseren Übersicht.

Die momentan vorgegeben Stufe wird durch einen Integer-Wert festgehalten. Somit weiß das Animations-Fenster immer wie viele Stufen für das Paging vorliegen und zeichnet diese. Der Aufbau des Bildes übernimmt die Aufbau-Klasse. Diese dient nur für den Aufbau des Bildes und das Hinzufügen sowie Entfernen von einzelnen Stufen und übergibt den nötigen Bereichen, wie z.B. den Pfeilen, die neuen Werte. Die Aufbau-Klasse ist somit nur für die Zusammensetzung des Bildes zuständig, löscht unnötige Stufe oder setzt die Stufe einen Wert höher bzw. tiefer.

Die Klasse „NeuePosi" dient dazu, die einzelnen Seiten zu verschieben und übergibt den nötigen Bereichen die abgeänderten Werte der Seiten. Des Weiteren gibt es die Klasse „Status". Diese dient zur Sicherung des momentanen Abbildes und zum Laden von bereits gespeicherten Visualisierungen. Dabei werden bereits berechneten Adressen gesichert und auch Position und Größen der Seiten.

Eine weitere Klasse ist die Klasse „Text". Diese gibt die Beschreibung der jeweiligen Animation im unteren Bild mit Hilfe eines einfachen Textes an. So versteht der Nutzer, durch das Lesen des Textes, was die gerade ablaufende Animation zu bedeuten hat.

Als Letztes ist noch die Klasse „Tooltip" anzusprechen. Die „Tooltip" Klasse ist optional über die Statusleiste vom Nutzer aktivierbar. Die Aktivierung führt dazu, dass die einzelnen Schritte vom Nutzer im Nachhinein gelesen werden können und liefert die nötigen Informationen für den Nutzer, um das Verständnis zu verbessern.

Damit der gewünschte Text in einem Tooltip anzeigen wird, reicht es aus, wenn der Nutzer mit der Maus über den Bereich geht, wo der Hinweis erscheinen soll. Insgesamt lässt sich festhalten, dass die einzelnen Klassen so aufgebaut sind, dass Sie ohne Probleme abgeändert werden können. Das Programm kann ohne großen Aufwand beliebig ergänzt und verbessert werden, da alle Funktionen über eine eigene Klasse aufgerufen werden.

3.1.3. Funktionsweise

Die Visualisierung läuft über das „JPanel", worauf alle Animationen ablaufen. Wird das Animationsfenster zum ersten Mal gestartet, wird die Aufteilung des Pagings der IA32-Architekutur genutzt. Die Seiten, Pfeile und restlichen Objekte werden dabei direkt in die dazugehörige Liste geladen. Die „paint"-Methode des „JPanel" zeichnet die Listen und wartet auf die Eingabe vom Nutzer. Wird die Vorwärts-Taste getätigt so wird dadurch eine bestimmte Funktion („Zeichne" aus der Klasse „Malen") freigegeben. Der Timer des JPanel läuft ab und der „Actionlistener" wird ausgeführt. Durch die Aktivierung der Vorwärts-Taste und die daraus resultierende Freigabe kann der „Actionlistener" die Zeichnen-Funktion ausführen. Die zu zeichnende Stelle wird dabei als Integer übergeben und die Zeichnen-Funktion weiß dadurch, welche Animation auszuführen ist. Ist die Animation durchgeführt, ist Sie bis zur nächsten Bestätigung der Vorwärts-Taste nicht mehr aufrufbar. Die zu zeichnende Stelle wird um einen Wert erhöht, sodass das Programm beim nächsten Aufrufen der Funktion weiß welche Animation zu zeichnen ist. Das Animations-Fenster wartet nun wieder auf eine Eingabe vom Nutzer, bis es die Zeichnen-Funktion aufrufen kann. Wird die Zurück-Taste benutzt, so wird lediglich eine bestimmte Funktion („Del" aus der Klasse „Aufbau") in der Aufbau-Klasse aufgerufen. Diese weiß, durch die „Integer" Stelle, welche Animation zuletzt gezeichnet wurde und löscht genau, mit Hilfe dieser Information, den letzten ausgeführten Schritt.

Für die Animation der Pfeile ist eine eigene Klasse verantwortlich. Die Pfeile werden beim ersten Start direkt mit den dazugehörigen Elementen der Stufen erstellt. So werden die Seiten-Tabellen der zweiten Stufe oder die Elemente der höheren Stufe als Objekt erstellt und dabei wird gleichzeitig auch der Pfeil zwischen den Stufen als Objekt erstellt. Das neu erschaffene Objekt wird darauf in eine eigene Liste hinzugefügt. Der Pfeil selber ist zu Anfang nicht sichtbar, hat aber alle nötigen Informationen zwischen welchen Stufen er sich bewegen soll. Er kennt die Koordinaten bzw. Positionen der Stufen und deren Größe. So wird der Pfeil in der Zeichnen-Funktion aufgerufen und bewegt sich in die Mitte der beiden Stufen. Die

Animation ist dadurch gelöst worden, dass bei jedem Timerende die Pfeilgröße wächst, bis der Mittelpunkt zwischen beiden Stufen erreicht wurde. Ist dieser Zustand erreicht, wächst der Pfeil nach oben oder gegebenenfalls nach unten, abhängig vom Ziel, der vorgegebenen Stufe. Ist wiederum dieser Punkt auch erreicht worden, wächst der Pfeil nun auch wieder in Richtung der Ziel-Stufe. Dieser Vorgang bewirkt, dass schlussendlich die Animation des Pfeiles die Suche bzw. das Finden der Stufe demonstriert.

Beispiel Pfeil-Methode im Pseudocode:

```
pfeilbreite = 0;
Pfeil(){
        pfeilbreite = pfeilbreite + 1;
        if(Pfeil auf der Mitte zwischen beiden Stufen)
                pfeilhöhe = pfeilhöhe + 1;
                if(Pfeil erreicht Höhe der zweiten Stufe)
                        lass Pfeil bis zum Ende wachsen;
}
```

Eine weitere Klasse, deren Funktionalität hier erklärt wird, ist die Klasse „NeuePosi". Diese dient dazu, dass der Nutzer sich die Position der einzelnen Stufen, selber auswählen kann. Dies geschieht durch eine Mausbewegung, indem der Benutzer das vorderste Element der Stufe anklickt und mit der Maus an die gewünschte Stelle zieht. Dieser Vorgang wird durch die Klasse „NeuePosi" ermöglicht. Zunächst wird ein „Mouselistener" in dem Animations-Fenster genutzt. Dieser dient dazu, der Klasse „NeuePosi" immer die aktuellen Koordinaten des Mauszeigers weiterzugeben, außerdem wird darauf geachtet, ob es eine Bestätigung der Maustaste auf einer Stufe gab. Sind beide Vorgaben erfüllt, so erhält die Klasse „NeuePosi" den Auftrag, die gewünschte Stufe auf eine neue Position zu ziehen. Dabei wird erst geprüft zu welcher Stufe die Mauszeiger Koordinaten gehören. Ist die gesuchte Stufe gefunden, wird diese den neuen Mauszeigerwerten angepasst. Der Nutzer hält dabei die linke

Maustaste gedrückt und zieht die Stufe auf die gewünschte Stelle im Animations-Fenster. Dabei achtet das Programm darauf, die neuen Informationen, wie z.b. die Positionen der Seite, weiterzugeben. So benötigen z.b. die Pfeil-Objekte, die neuen Koordinaten der Stufe um vernünftig und richtig gezeichnet zu werden. Daher wird jedes mal eine Funktion aufgerufen, die die Werte aktualisiert.

Beispiel NeuePosi-Methode im Pseudocode:
```
NeuePosi(int Stufe, MousePosition){
if (Stufe == 1)
        StufePosition = MousePosition;
        übergebe neue Werte den nötigen Funktionen;
else if (Stufe == 2)
        StufePosition = MousePosition;
        übergebe neue Werte den nötigen Funktionen;
etc... }
```

Die nächste wichtige Klasse ist „SeiteDrehen". Diese Klasse dient, wie der Name schon sagt, dazu zwei übergebene Elemente auf Ihrer Position zu wechseln. Dieser Vorgang wird ausgeführt um dem Nutzer zu demonstrieren, dass bei z.B. mehreren Seiten-Tabellen, die richtige Tabelle erst ausgesucht werden muss. Der Klasse werden zwei Elemente übergeben, damit daraus die Positionsdaten ausgelesen werden können. Läuft nun wieder der Timer des Animations-Fensters ab, so wird zunächst der Abstand der X-Koordinaten der Elemente etwas vergrößert, bis beide nicht mehr übereinander liegen. Darauf hin werden beide Elemente gleichzeitig in Ihren Y-Koordinaten getauscht. Dies bedeutet, dass Sie den vorherigen Y-Wert des anderen Objekts übernehmen. Ist auch dieser Vorgang abgeschlossen, so werden danach die X-Werte abgeändert. Beiden Elemente nehmen schlussendlich die Position des anderen Elements ein und die Farben der Elemente werden getauscht. Der Vorgang ist nun abgeschlossen.

Beispiel SeiteDrehen-Methode im Pseudocode:

```
SeiteDrehen(Seite Seite1, Seite Seite2){
        Seite1.Position = Seite1.Position + 1;
        Seite2.Position = Seite2.Position – 1;
        if (Seite1.Position == Seite2.Positon)
                beende Funktion;
                übergebe neue Werte;
}
```

Eine weitere Klasse ist die „Status"- Klasse. Diese ist für das Sichern und Laden von bereits ausgeführten Visualisierungen zuständig. Es werden drei Möglichkeiten angeboten, verschiedene Durchläufe zu sichern und zu laden. Wird eine Visualisierung vom Benutzer abgespeichert, so werden die nötigen Informationen in eine Textdatei geschrieben. Dieser Vorgang sichert z.B. Größe, Koordinaten und die bisher ausgeführten Schritte der Visualisierung ab. Beim Laden werden wiederum alle abgesicherten Informationen aus der Textdatei gelesen und die bisherigen Einstellungen ersetzt. Sind alle nötigen Werte geladen worden, wird eine spezielle Funktion in der Zeichnen-Funktion freigegeben („Zeichne1" aus der Klasse „Malen"). Diese ermöglicht es, die bisher ausgeführte Visualisierung, ohne Animation, direkt auszuführen. Dem Nutzer erscheint dadurch ein direkt fertiges Bild und er muss nicht abwarten bis jeder Schritt einzeln animiert wurde.

Beispiel Status-Methode im Pseudocode:

```
Status (Textdatei){
    Save(){
        erstelle BufferedWriter;
        schreibe alle nötigen Daten in Textdatei;
    }
    Load(){
        erstelle BufferedReader;
        laden alle nötigen Daten aus Textdatei und ersetzte die Aktuellen;
    }
}
```

Die beiden letzten Klassen, deren Funktionalität erklärt wird, sind „Text" und „Tooltip". Die „Text"-Klasse gibt dem Nutzer eine Beschreibung für die aktuelle Animation an, dies soll zu einem besseren Verständnis der Visualisierung führen. Die „Text"-Klasse nutzt lediglich die gleiche Information, den Integer-Wert der die Stelle kennzeichnet und gibt damit den dazugehörigen Text bzw. die dazugehörige Beschreibung in der linken unteren Ecke des Animations-Fensters an.

Beispiel Text-Methode im Pseudo-Code:

```
Text (int Stelle){
    if(Stelle == 0) {
        gebe Text der Stelle 0 an;
    else if (Stelle == 1){
        gebe Text der Stelle 1 an; etc... }
```

Die „Tooltip"-Klasse nutzt die gleichen Beschreibungen, lässt sich hingegen nur nachträglich aktivieren. Der Benutzer muss lediglich, nach der Aktivierung der Tooltips in der Statusleiste, über die Position fahren, worüber er nähere Informationen wünscht. Durch einen „Mouselistener" bekommt die „Tooltip"-Klasse die nötigen Informationen, wo sich der Mauszeiger gerade aufhält. Erreicht dieser einen Bereich, wo ein Tooltip angezeigt werden soll und kann, wird ein Text direkt neben dem Mauszeiger in einem Kasten angezeigt. Dabei handelt es sich um die Beschreibung der abgelaufenen Animation, somit ist der Nutzer immer noch in der Lage sich nachträglich die gewünschten Informationen zu einer bereits durchgeführten Animation durchzulesen.

Beispiel Tooltip-Methode im Pseudocode:

Tooltip (MousePosition){

 if (Tooltip == active)

  if(MousePosition == SeitenPosition)

   zeige Tooltip über der Seite an;

  else if(MousePosition == PfeilPosition)

   zeige Tooltip über dem Pfeil an;

}

Zusammenfassend lässt sich festhalten, dass alle größeren Funktionen der Visualisierung in einer eigenen Klasse festhalten sind.

3.1.4. Möglichkeiten im Code

Der Code bietet die Möglichkeit ohne weitere Anpassungen erweitert zu werden. So ist es z.B. ohne großen Aufwand möglich, die Visualisierung auf weitere Stufen zu erweitern. Die Elemente und Einstellungen werden dynamisch in einer Liste gesichert und können auch auf dem Computer gespeichert werden. Der Code selber ist übersichtlich gehalten und bietet die Möglichkeit, um weitere Funktionen bzw. Klassen ergänzt zu werden. Die Klasse „Gui" beinhaltet noch weitere Funktionen, die in keiner eigenen Klasse eingebunden sind. Bei dem Befehl „Reset" werden alle Listen vom Inhalt her gelöscht und die Aufbau-Funktion, die beim ersten Programmstart aufgerufen wird, wird ausgeführt. Als nächste Einstellung folgt „Geschwindigkeit" unter der Menuleiste „Optionen". Diese verändert die Zeit des

„Timers" des Animations-Fensters. Sollen Animationen schneller ablaufen, wird der Wert des „Timers" verkleinert, dies führt zu einer schnelleren Aktualisierung des Bildes. Wird der Wert höher gesetzt, dauert es bis das Bild neu gezeichnet wird, was bedeutet, dass dem Nutzer die Animationen langsamer vorkommen. Der Befehl „Zeichnen ohne Pause" führt dazu, dass der Nutzer nicht jede einzelne Animation einzeln bestätigen muss. Dieser Vorgang wird dadurch ermöglicht, dass zwar nach jeder Animation die „Boolean" immer auf „false" gesetzt wird, jedoch die Bestätigung der „Zeichnen ohne Pause" dazu führt, dass genau die gleiche „Boolean" immer wieder auf „true" gesetzt wird. Ohne den gesetzten „true" Wert der Boolean, würde die Zeichnen-Funktion erst wieder aufgerufen werden können, wenn der Nutzer die „Vorwärts"-Taste betätigt. Nun wird dieser Wert immer wieder automatisch auf „true" gesetzt, so dass die Zeichnen-Funktion immer wieder aufgerufen werden kann. Deaktiviert der Nutzer diese Einstellung, beendet die Visualisierung die Zeichnung nach Ablauf der letzten Animation. Unter dem letzten Punkt der Statusleiste „Hilfe", gibt es zwei Befehle. „Paging" ruft den Wikipedia Eintrag zum Thema Paging auf. Java bietet für diesen Vorgang einen bestimmten Befehl („Desktop.getDesktop().browse") im Code an. Bei dessen Ausführung ruft das Betriebssystem mit Hilfe des Standartbrowsers eine übergebene Internetseite auf. Die zweite Möglichkeit „About" öffnet ein „JOptionPane" als „MessageDialog" mit weiteren Hinweisen.

3.2. Programm

In dem folgenden Kapitel wird die Visualisierung und dessen Funktionen aus Benutzersicht erklärt, der Code spielt eine untergeordnete Rolle.

3.2.1. Visualisierung

Da besonders in der „Gui"-Klasse noch weitere Möglichkeiten und Funktionen aufgeführt sind, werden diese in dem folgenden Kapitel erklärt. Die Statusleiste der Gui beinhaltet drei Auswahlmöglichkeiten. Als erstes das Optionsfeld „Datei". Darunter ist die Option „Neues Fenster" zu finden. Nutzt der Benutzer diese Auswahl, wird eine zweite Instanz der Visualisierung gestartet, die unabhängig von der bereits laufenden ist. Somit lassen sich zwei, oder mehr, Visualisierungen parallel ausprobieren und vergleichen. Diese Option ist jedoch lediglich auf Linux basierten Systemen ausführbar und sichtbar. Unter Windows ist die Ausführung einer Jar-Datei nicht einfach lösbar und das Auslesen des aktuellen Pfads kompliziert. Als nächste Option folgt „Reset". Diese setzt die Visualisierung auf die vorgegebene IA32-Architekutur zurück und löscht alle bisher ausgeführten Animationen und Eingaben vom Nutzer. Die Visualisierung ist dadurch wie neu gestartet, und der Nutzer braucht nicht extra das Programm zu schließen und neu aufzurufen. Nun folgen „Laden" und „Speichern", die jeweils drei verschiedene Möglichkeiten von Sicherungen anbieten. Der Nutzer ist hiermit in der Lage bereits ausgeführte Schritte für einen späteren Zeitpunkt zu sichern und zu laden. Der letzte Punkt ist mit „Beenden" gekennzeichnet und schließt das Programm endgültig. Auf das Optionsfeld „Datei" folgt „Optionen". Darunter verbergen sich vier Auswahlmöglichkeiten. „Stufe" ermöglicht es dem Nutzer Stufen zum Paging hinzuzufügen oder zu entfernen. Mit der Auswahl von „Geschwindigkeit" lassen sich die Bewegungen der Animationen, in Hinsicht auf deren Geschwindigkeit abändern. Dafür werden drei Stufen angeboten: „langsam", „normal" und „schnell", wogegen „normal" standardmäßig aktiviert ist. Aktiviert der Benutzer als nächstes die Option „PopUps", wird die Klasse „Tooltips" genutzt. Der Nutzer kann nun nachträglich Beschreibungen zu bereits abgelaufen Visualisierungen lesen und sehen, solange die Maus über den speziellen Bereich geführt wird. Die letzte Auswahlmöglichkeit „Zeichnen ohne Pause" führt dazu, dass der Nutzer nun nicht jeden Schritt einzeln ausführen muss, sondern die Visualisierung bis zum Ende durchläuft. Der Nutzer kann nun die gesamte Visualisierung am Stück sehen und muss nicht jeden Schritt einzeln bestätigen. Das dritte und letzte Optionsfeld in der Statusleiste ist „Hilfe". Diese bietet nur zwei Auswahlmöglichkeiten an. Entweder wird die Option „Paging" genutzt, worauf der Standartbrowser des Betriebssystem mit folgender Internetseite: „http://de.wikipedia.org/wiki/Paging" geöffnet wird. Der Benutzer findet darauf weitere Informationen und Erklärungen zum Thema Paging. Als letztes folgt, durch das Aktivieren von „About", ein kleines Fenster mit Informationen über die Arbeit selber. Die beiden unteren Tasten „<<" und „>>" sind die Hauptmerkmale der Visualisierung. Sie dienen dazu, einen Schritt nach vorne in der Visualisierung zu machen oder den zuletzt ausgeführten Schritt der Animation zu löschen. Zu Verdeutlichung des Aufbaus dient das unten angezeigte Bild.

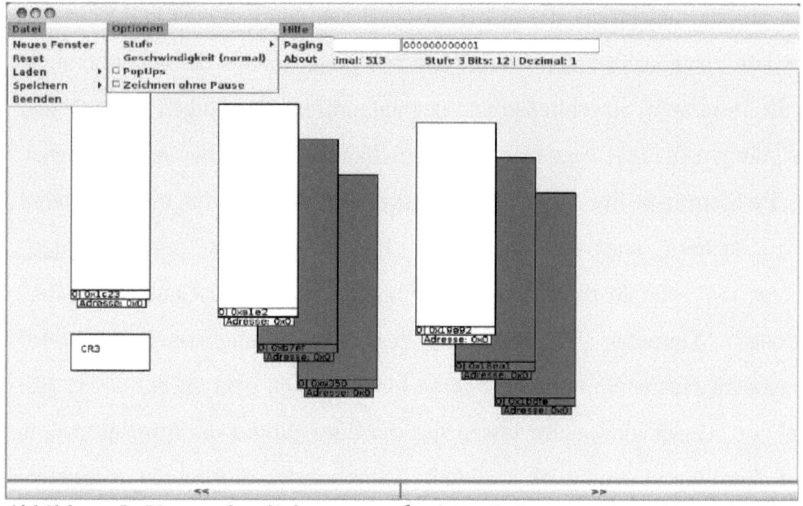

Abbildung 3: Veranschaulichung vom fertigen Programm

3.2.2. Beispiel

In dem folgenden Kapitel wird eine Visualisierung komplett durchgeführt. Um diesen Vorgang zu demonstrieren wird die Visualisierung an Hand von Screenshots mit einer kurzen Erklärung anbei verständlich erklärt. Dabei werden mehrere Eingaben vom Nutzer zusammengefasst und in einzelnen Abbildern kurz erklärt.

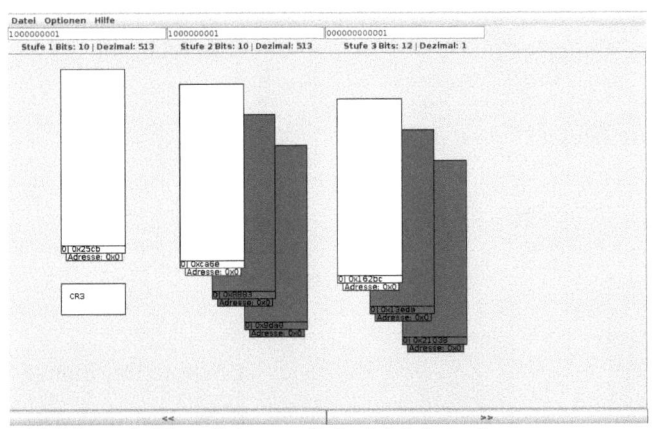

1. Schritt: Der Nutzer hat noch keine Eingabe getätigt

Abbildung 4: Visualisierung Beispiel Schritt 1

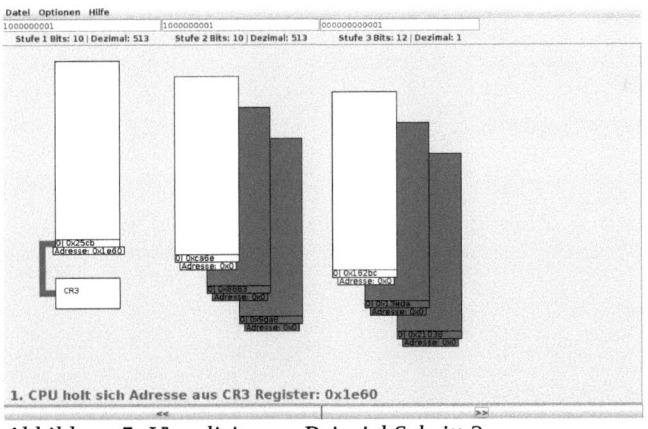

2. Schritt: Das CR3-Register gibt die Adresse des Page Directorys vor

Abbildung 5: Visualisierung Beispiel Schritt 2

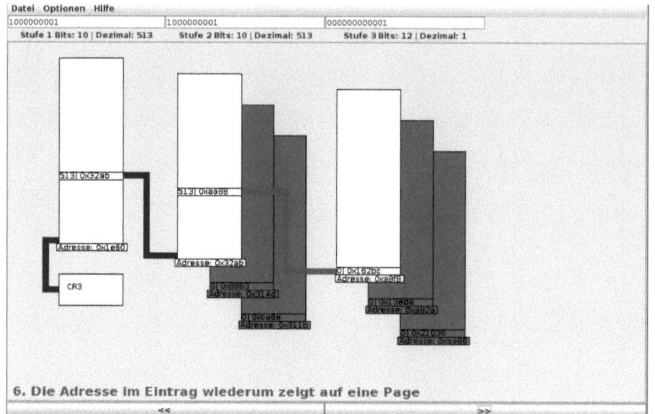

3. Schritt: Der Eintrag im Page Directory gibt die Adresse der Page Table vor

Abbildung 6: Visualisierung Beispiel Schritt 3

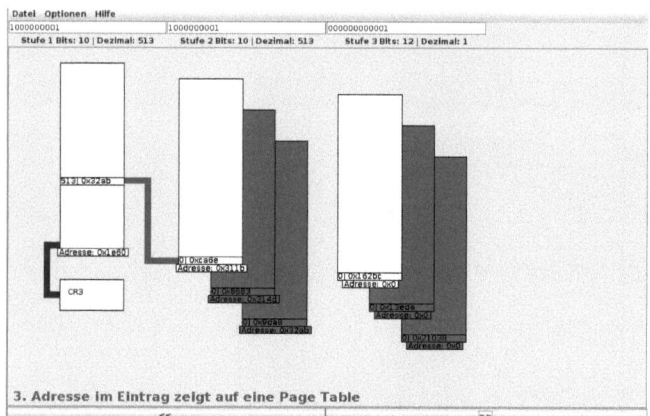

4. Schritt: Der Eintrag in der Page Table gibt die Adresse der Page vor

Abbildung 7: Visualisierung Beispiel Schritt 4

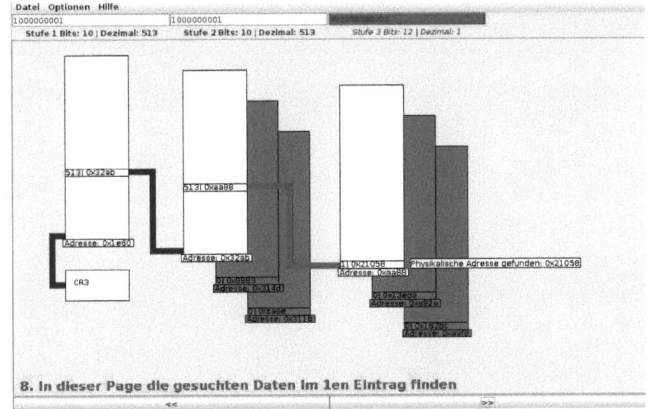

5. Schritt: Physikalische Adresse im ersten Eintrag der Page gefunden

Abbildung 8: Visualisierung Beispiel Schritt 5

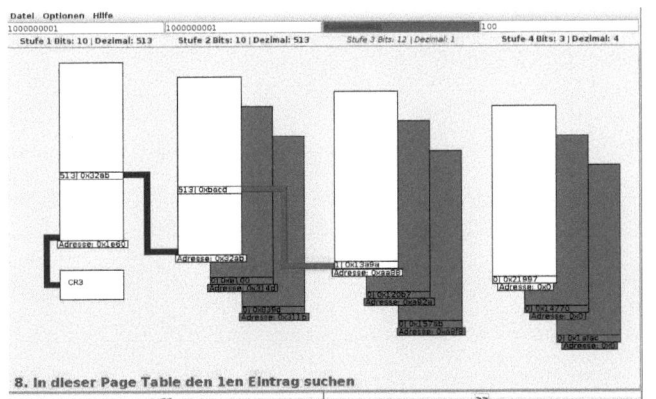

6. Schritt: Der Benutzer hat eine weitere Stufe hinzugefügt

Abbildung 9: Visualisierung Beispiel Schritt 6

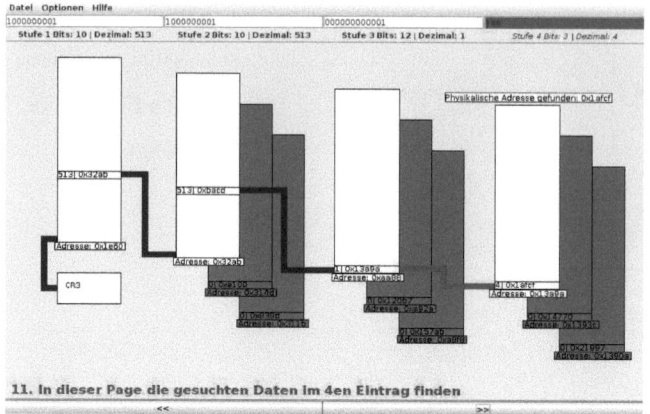

7. Schritt: Durch die neue Stufe, werden die gesuchten Daten in der vierten Stufe im vierten Eintrag gefunden

Abbildung 10: Visualisierung Beispiel Schritt 7

4. Analyse

In diesem Kapitel, wird eine Analyse zur Arbeit durchgeführt. Sie dient dazu, die Arbeit zu reflektieren. Dabei wird die fertige Anwendung, sowie die Programmierung selber angeschaut.

4.1. Anwendung

Die fertige Anwendung demonstriert auf eine übersichtliche Art und Weise das Paging. Dem Nutzer soll es ohne große Probleme und Aufwand möglich sein, den Vorgang der seitenbasierten Adressübersetzung in einem Computer nachvollziehen zu können. Mit diesem Ziel wurde versucht die Visualisierung zu erarbeiten und zu programmieren. Dafür wurde ein Schwerpunkt auf die Übersicht und das Verständnis gesetzt. Daher wurde die Anzahl an Interaktionsmöglichkeiten mit der Visualisierung auf ein Minimum gehalten. Nur die „Vorwärts"- bzw. „Rückwärts"-Taste ist direkt von Anfang an für Benutzer sichtbar und anwendbar. Die Erklärungstexte, die einzelne Schritte des Pagings erklären, sind daher auch kurz gehalten und sollen, mit Hilfe eines kurzen Satzes, dem Benutzer die gerade ablaufende Animation erklären. Weitere Einstellungsmöglichkeiten sind in der Statusleiste organisiert. Das fertige Programm selber wurde auf zwei verschiedenen Betriebssystemen ausprobiert. Unter der Linux-Distribution Ubuntu in der Version 12.10 auf einem „Intel Celeron CPU B800 @ 1.50GHz × 2" mit nur 2 GB Arbeitsspeicher und auf einem „Intel Core 2 Duo Prozessor P8600" mit 4 GB Arbeitsspeicher (Ubuntu 12.04) läuft die Visualisierung und jede Animation flüssig und ohne Probleme. Auf zwei verschiedenen Windows 7 Rechnern, läuft die Visualisierung im Gegensatz zum Linux-Test etwas langsamer. Als Prozessor wurden dafür der „Intel Core i5 2410M" mit 8 GB Arbeitsspeichern und der „Intel Core 2 Quad Q6600" mit 4 GB Arbeitsspeicher genutzt. Unter beiden Versionen laufen die Animationen langsamer, als auf der Linux-Distribution, ab. Trotz der besseren und moderneren Hardware bei den Windows-Rechnern, wirken die Animation auf dem Linux System flüssiger. Die einzige Möglichkeit, um auf beiden Plattformen das gleiche Ergebnis zu erzielen, besteht darin, die Animations-Geschwindigkeit auf dem Windows-Rechner schneller einzustellen um sich der flüssigen Präsentation auf dem Linux System anzunähern. Somit ist zu empfehlen, die Visualisierung auf einem Linux basierten System zu demonstrieren bzw. auszuführen. Dies liegt natürlich nicht daran, dass das Paging auf Windows-Rechnern langsamer läuft, sondern an der Java-VM. Diese ist bei den durchgeführten Tests, leistungsfähiger und optimierter auf Linux-basierten Systemen.

1. Rechner-Linux (Ubuntu 12.10 – 32 Bit / Linux Kernel: 3.5 / Java 7 Version 15)

Name:	HP 630
Prozessor:	Intel Celeron CPU B800 @ 1.50GHz x 2
Grafikkarte:	Intel HD Graphics
Arbeitsspeicher:	2 GB

Tabelle 4: Test-Rechner 1

Zeit um vorgegebene Eingaben (IA-32) zu visualisieren: 8,687 Sekunden

2. Rechner-Linux (Ubuntu 12.04 – 64 Bit / Linux Kernel: 3.2 / Java 7 Version 15)

Name:	Sony VAIO VGN-FW31
Prozessor:	Intel Core 2 Duo Prozessor P8600
Grafikkarte:	ATI Mobility Radeon HD 3470
Arbeitsspeicher:	4 GB

Tabelle 5: Test-Rechner 2

Zeit um vorgegebene Eingaben (IA-32) zu visualisieren: 9,296 Sekunden

3. Rechner-Windows (Windows 7 Service Pack 1 – 32 Bit / Java 7 Version 17) :

Name:	Lenovo y570
Prozessor:	Intel Core I5 2410M
Grafikkarte:	NVIDIA GeForce GT 555M
Arbeitsspeicher:	8 GB

Tabelle 6: Test-Rechner 3

Zeit um vorgegebene Eingaben (IA-32) zu visualisieren: 14,356 Sekunden

4. Rechner-Windows (Windows 7 Service Pack 1 – 64 Bit / Java 7 Version 17) :

Name:	Grey Computer
Prozessor:	Intel Core 2 Quad Q6600
Grafikkarte:	NVIDIA Gefoce 8800 GTS
Arbeitsspeicher:	4 GB

Tabelle 7: Test-Rechner 4

Zeit um vorgegebene Eingaben (IA-32) zu visualisieren: 15,612 Sekunden

4.2. Programmierung

Bei dem Code des Programms wird versucht, wie schon mehrfach erwähnt, eine gewisse Übersicht zu erhalten. Funktionen und Interkationsmöglichkeiten der Visualisierung sind absichtlich in eigenen Klassen gehalten. Das „JPanel" wurde durch immer weiter entwickelte und neu hinzugefügte Funktionen erweitert. So wurde das Programm Schritt für Schritt vergrößert und mit neuen Animationen ausgestattet. Die Animationen sind durch die „paint"-Methode von Java realisiert worden. Die „paint"-Methode benötigt Koordinaten und Größen um Objekte zeichnen zu können. Daher wird bei der Programmierung des Codes darauf geachtet, die richtigen Werte bei der Übergabe zu benutzen und bei jeder abgelaufenen Animation zu aktualisieren. Daher war es notwendig, bei jeder durchgeführten Animation, die neuen Positionen der Elemente zu aktualisieren, sodass sich alle weiteren Funktionen, die mit den gleichen Werten arbeiten, ebenfalls die neuen Positionen und Größen nutzen. In vielen Funktionen werden diese Eigenschaften genutzt. So benutzt die Pfeil-Methode, die Koordinaten der Stufen, um den Pfeil zu malen. Daher ist es notwendig, dass auch der Pfeil die nötigen Informationen über die neue Position erhält. So lässt sich festhalten, dass die Aktualisierung der Daten, nach einer abgelaufenen Animation, wichtig ist.

4.3. Probleme bei der Programmierung

Bei der Programmierung kam es in mehreren Punkten zu kleinen, aber auch größeren Problemen.

Als erste Schwierigkeit stellte sich das Bewegen des Bildes dar. Die Animationen sollten fortlaufend wirken und nicht einfach fertig erscheinen. Aus diesem Grund wird der „Timer" im Animations-Fenster genutzt. Dieser führt nach einem vorgegebenen Zeitintervall zu einer Aktualisierung der Objekte. Die „paint"-Methode nutzt darauf die neuen Koordinaten um die Objekte zu zeichnen. Dieser Vorgang wurde erst nachträglich eingebaut, zunächst waren die Animationen direkt fertig gezeichnet.

Als weiterer Punkt war das Bewegen des Pfeiles in die linke Richtung problematisch. Wächst der Pfeil nach rechts, wird einfach die Breite des Pfeils vergrößert. Soll der Pfeil nun nach links wachsen, ist diese Animation nicht so einfach darzustellen. Hierfür muss nicht nur die Breite vergrößert werden, sondern auch die Position, wo der Pfeil anfängt, nach links gesetzt werden. Somit war es nötig auf zwei verschiedene Werte zu achten und die Abbruchbedingungen zu ändern. Das gleiche Problem stellte sich auch dar, wenn der Pfeil sich nach oben bewegen sollte. Nach unten konnte man den Pfeil dadurch wachsen lassen, dass die Höhe vergrößert wurde. Wollte man nun, dass sich der Pfeil nach oben bewegt, so war es auch hier nötig die Startposition des Pfeils mit zu ändern.

Ein kleines Hindernis war es, die Pfeile korrekt zu zeichnen, wenn die Stufen übereinander liegen. Daher wurde eine extra Abfrage geschrieben, die vorher prüft ob die Stufen diese Eigenschaft erfüllen. Bei diesem Spezialfall mussten die Pfeile auf eine andere Art gezeichnet werden, ansonsten war die Animation der Pfeile nicht korrekt. Das Wachstums, das standardmäßig am Mittelpunkt zwischen beiden Stufen beendet wird, stand als Option, bei übereinander liegenden Stufen, nicht zur Verfügung.

Eine weitere große Erschwernis war die Animation der tauschenden Elemente einer Stufe. Nachdem beide Elemente die Positionen getauscht hatten, musste zusätzlich noch den weiteren Funktionen die aktuellen Werte übermittelt werden. Wurde das nicht getan, wurden z.B. Pfeile falsch gemalt. Nachdem eine gewisse Zeit in die Suche nach dem Fehler investiert wurde, war die Lösung des Problems einfach. Die Werte wurden mit einer neu geschriebenen Funktion aktualisiert und die Pfeile konnten daraufhin korrekt gezeichnet werden.

Die Option „Neues Fenster" startet das Programm nochmal in einer neuen unabhängigen Instanz. Um dies zu ermöglichen wird die Jar-Datei, durch einen Java-Befehl, ein weiteres mal ausgeführt. Um die Datei ausführen zu können, muss dafür der Pfad angegeben werden, wo die Jar-Datei liegt. Um diesen aktuellen Pfad auszulesen, wird in Java eine komplizierte Reihenfolge von Befehlen genutzt. Unter Windows ist dieser Vorgang noch umständlicher und wurde daher unter dem Betriebssystem nicht eingebaut.

Ein kleineres Problem war das Laden der bisher ausgeführten Animationen. So ist es notwendig, dass bereits ausgeführte Animationen, dem Programm mitgeteilt werden. Wurde dieser Hinweis nicht gegeben, so kam es zu Fehlern, wenn der Nutzer einen Schritt zurückging. Seiten oder Pfeile wurden nicht mehr korrekt gezeichnet. Daher wurde auch hier eine kleine Funktion eingebaut, die der Visualisierung beim Laden die nötigen Informationen mitteilt. Insgesamt ist festzuhalten, dass die Probleme durch extra eingeführte Funktionen lösbar waren.

5. Zusammenfassung und Ausblick

In diesem Kapitel folgt eine Zusammenfassung der Arbeit. Dabei wird diese reflektiert und bewertet.

5.1. Zusammenfassung

Die Bachelor Arbeit wurde innerhalb von 3 Monaten erarbeitet. In diesem Zeitraum bestand die größte Arbeit darin, sich mit den Zeichnen-Funktionen in Java auseinander zusetzen. Zu Anfang bestand keine Erfahrung darin, Objekte grafisch darzustellen. Diese Kenntnisse wurden mit der Zeit erlernt und für die Arbeit genutzt. Dazu kam das Paging, welches in verschiedenen Kursen der Universität erwähnt wird.

Somit ist der Paging-Algorithmus der Schwerpunkt der Arbeit. Er wird im Grundprinzip grafisch dargestellt. Um diese Funktionalität zu ermöglichen wurde Java mit der „paint"-Methode genutzt. Um ein fortlaufendes Bild zu visualisieren wurde dazu noch ein „Timer" gesetzt, der zu einer Aktualisierung des Bildes führt. Die Objekte selber werden in sogenannten „Linkedlist" gehalten und abgerufen. Die Zeichnen-Funktion nutzt einen Integer-Wert um die richtige Animation aufzurufen. Für die Erklärungstexte wird dabei auch der gleiche Wert genutzt um die richtigen Texte anzuzeigen. Dem Nutzer ist es dabei überlassen, wie viele (maximal 4) Stufen er nutzt. Er kann dabei die Bits frei verteilen und anordnen. Die Anordnung der Seiten ist dabei dem Nutzer auch frei überlassen. Er kann die Stufen frei verschieben. Schlussendlich dient die Arbeit zum Verständnis sowie der Lehre des Pagings.

5.2. Ausblick

Die Arbeit selber bietet in gewissen Punkten noch Optimierungsmöglichkeiten. Als erster Punkt kann die Arbeit so umgebaut werden, dass der Nutzer eine beliebige Anzahl an Stufen eingeben kann. Dafür muss nicht unbedingt die momentane Sicherung der Stufen abgeändert werden. Die Stufen sowie Pfeile werden in einer „Linkedlist" gespeichert und aufgerufen. Das Zeichnen stellt in diesem Zusammenhang ein größeres Problem dar. Hier wird durch einen Integer-Wert die zu zeichnende Stelle abgefragt und ist auf vier Stufen begrenzt. So sollte es möglich sein, dass schon beim Erstellen der einzelnen Objekte, die Animationen direkt mit erstellt werden und nur noch ausgeführt werden müssen.

Ein weiterer Verbesserungspunkt sind die erklärenden Texte. Diese könnten, auf Wunsch des Benutzers, genauer sein. So könnte sich der Benutzer, durch ein Optionsfeld, weitere Informationen einblenden lassen. Dabei sind z.B. Informationen zur Seitengröße oder Seitenrahmen vorstellbar. Dem Nutzer könnte dies zur Verständlichkeit der Arbeit dienen.

Auch lassen sich weitere Funktionen integrieren. Der Nutzer könnte selber die Adressen in den einzelnen Einträgen aussuchen oder zumindest die erste Adresse im CR3-Register aussuchen.

Eine weitere Möglichkeit besteht darin, dem Nutzer die einzelnen Sonderfunktionen im Paging zu ermöglichen. So könnte man z.B. die „Physical Address Extension" (erwähnt im den Grundlagen-Kapitel) einbauen. Auch die Aufteilung der Bits, in die einzelnen Stufen, kann so umgebaut werden, dass der Nutzer diese in beliebig viele Stufen unterteilen kann.

5.3. Fazit

Bewertet man die Bachelor-Arbeit unter dem Gesichtspunkt der Aufgabenstellung, ist schnell festzustellen, dass ein großer Aspekt die Zugänglichkeit ist. Ein großer Schwerpunkt ist dabei die Übersicht sowie das Verständnis der seitenbasierten Adressübersetzung zu fördern. Daher ist die Visualisierung von der grafischen Oberfläche her schlicht gehalten. Nur zwei Tasten sind für den Benutzer sichtbar. Erweiternde Funktionen sind in der oberen Leiste sortiert. Somit ist der Nutzer nicht überfordert und kann sich mit einer übersichtlichen Oberfläche auseinandersetzen. Betrachtet man die fertige Arbeit in diesem Zusammenhang, so lässt sich schnell feststellen, dass diese Aufgabe erfüllt wurde. Der Nutzer kann in Ruhe jeden Schritt einzeln bestätigen und bekommt in einem kurzen Satz die gerade ablaufende Visualisierung erklärt. Er kann nun die Vorgehensweise des Pagings sowie die Berechnungen der einzelnen Stufen verstehen. Dabei kann er selber die Anzahl der Stufen und Aufteilung der Bits bestimmten. Dies führt dazu, dass der Benutzer durch eine Vielzahl von verschiedenen Beispielen das Paging erfasst. Genauso ist es möglich, die Visualisierung bei einer Uni-Vorlesung für verschiedene Aufteilungen der Stufen zu nutzen. Zudem sind alle Anforderungen, die zuvor für die Arbeit aufgestellt wurden, in der fertigen Visualisierung enthalten und noch weitere kleine Funktionen hinzugekommen.

6. Literaturverzeichnis

http://de.wikipedia.org/w/index.php?title=Paging&oldid=113998882

http://en.wikipedia.org/w/index.php?title=Paging&oldid=546497140

http://www.lowlevel.eu/wiki/Paging

electures.informatik.uni-
freiburg.de/portal/download/100/9515/kap8_2_systeme1_ws07.pdf

[L1] http://openbook.galileocomputing.de/javainsel/

[1] Bernhard Steppan: *Einstieg in Java 6*, Galileo Computing,
3. Auflage (28. November 2008) - ISBN-10: 3836213796

[2] S. Tannenbaum: *Computerarchitektur. Strukturen – Konzepte – Grundladen*,
Addison-Wesley,
5. Auflage (21. Dezember 2005) - ISBN-10: 3827371511

[3] Christian Märtin: *Rechnerarchitekturen: CPUs, Systeme, Software-Schnittstellen*,
Fachbuchverlag Leipzig, 26.Oktober 2000 - ISBN-10: 3446214755

[4] Dirk W. Hoffmann: *Grundlagen der Technischen Informatik*, Carl Hanser Verlag,
2. Auflage (5. November 2009) - ISBN-10: 3446421505

7. Glossar

Actionlistener / ActionPerformed	=	Möglichkeit um auf bestimmte Aktionen in Java zu reagieren
Boolean	=	Schaltvariable in der Programmierung
Caching	=	eine Art Puffer-Speicher
Flag	=	englisch für Flagge, Hilfsmittel zur Kennzeichnung von Zuständen
Frame	=	englisch für Rahmen, Teil des Pagings
GUI	=	Grafische Benutzeroberfläche
Jar-Datei	=	ausführbares Java-Projekt
Java-VM	=	Java Virtual Machine, Teil der Java-Laufzeit-Umgebung
JOptionPane	=	kleines Anzeige-Fenster in Java
JPanel	=	Anzeige-Fenster in Java
Linkedlist	=	spezielle Datenstruktur in Java
Memory Management Unit (MMU)	=	englisch für Speicherverwaltungseinheit
Mouselistener	=	Möglichkeit in Java die Mausposition auszulesen
Page	=	englisch für Seite, Teil des Pagings
Page-Directory	=	englisch für Seiten-Verzeichnis
Page-Fault	=	englisch für Seitenfehler
Page-Table	=	englisch für Seite-Tabelle
Paging	=	Speicherverwaltung im Computer
Paint-Methode	=	Java Möglichkeit um Objekte zu zeichnen
Physical Address Extension	=	Möglichkeit 64 Bit zu adressieren
segmentation fault	=	Fehlermeldung bei Zugriffsverletzung beim Computer
Timer	=	zeitgesteuerter Ablauf in Java